AF313557

CATALOGUE

ESTAMPES

DES

XVIIe, XVIIIe SIÈCLES ET MODERNES

Œuvre de BARTOLOZZI

ÉCOLE ANGLAISE ET FRANÇAISE

PORTRAITS

AYANT FAIT PARTIE DU CABINET

Du Comte Pierre de CORNEILLAN

Gentilhomme ordinaire de S. A. R. Mgr le comte d'Artois

VENTE

Le Samedi 23 Décembre 1882

A UNE HEURE PRÉCISE

HOTEL DES COMMISSAIRES-PRISEURS

RUE DROUOT, 9, SALLE N° 4

AU PREMIER ÉTAGE

Me Maurice DELESTRE	M. VIGNÈRES
COMMISS^{re}-PRISEUR	M^d D'ESTAMPES
Rue Drouot, n° 27	rue de la Monnaie, 21

CHEZ LEQUEL SE DISTRIBUE LE CATALOGUE

PARIS — 1882

VIGNÈRES

Rue de la Monnaie. 21 (ancien 13), à l'entre-sol.

ESTAMPES ANCIENNES & MODERNES

Éditeur des Eaux-Fortes, Paysages et Plantes

DE M. EUG. BLÉRY,

Collection de plus de 50,000 Portraits différents

ANCIENS ET MODERNES

Classés comme suit et par ordre alphabétique

ÉCRIVAINS. Littérateurs, Poëtes, Géographes, Mathématiciens.
ARTISTES. Peintres, Sculpteurs, Architectes, Graveurs.
MUSICIENS. Compositeurs et Exécutants.
ACTEURS et ACTRICES de toutes époques et de tous pays.
MÉDECINS, Botanistes, Chirurgiens, Minéralogistes, Naturalistes.
ECCLÉSIASTIQUES. Religieux, Catholiques, Réformés, Juifs.
CARDINAUX. — PAPES. — SAINTS et SAINTES.
DIVERSES CÉLÉBRITÉS. Chanceliers, Juges, Militaires, etc., etc.
RÉVOLUTIONS et EMPIRE. Députés et Généraux.
FEMMES CÉLÈBRES en tous genres.
CONDAMNÉS pour crimes, vols; Scélérats divers.
ORIENTAUX. Doges, Perses, Turcs, etc.
POLONAIS. Hongrois, Russes, etc.
ANTIQUES. Personnages célèbres de l'Antiquité (Grecs et Romains).
ROIS ÉTRANGERS et MAISONS PRINCIÈRES françaises et étrangères.
ROIS DE FRANCE classés chronologiquement.
COLLECTION classée par ordre alphabétique de Graveurs anciens
    et modernes.
PORTRAITS en BISTRE. Collection de portraits inédits ou rares
    reproduits nouvellement par la gravure.

Plus de 1,200 Portraits différents de la Galerie de Versailles

Très-convenables pour les illustrations et pour joindre avec les AUTOGRAPHES
étant tirés à part in-4.

Le Catalogue détaillé par ordre alphabétique : 1 fr.

Afin de faciliter les recherches des amateurs de Portraits, soit
pour les illustrations, soit pour les collections d'autographes ou
autres, *trois catalogues détaillés* (nos 1, 2, 3), de quelques collections de portraits qui peuvent se trouver chez moi, classés par
ordre alphabétique, seront remis ou envoyés aux personnes qui en
feront la demande affranchie.

Vᵉ RENOU, MAULDE et COCK, impr⁰ de la Compagnie des Commissaires-Priseurs
rue de Rivoli, 144.   32764

3295

770 Catalogues à 5°	38 50		3295
6 Mains chemises à 1.50	9 ..		
Honoraires 10%	329 50		
800 catalogues	212 ..		
75 affiches colombier ou affid	44 50		
10 feuilles montages à 25	2 50		
6 ½ fll. à 15	90		
14 ¼ fll. à 10	1 40	638 30	
Insertions au Moniteur des Ventes		14 30	
Déclaration de Vente		2 20	
Timbre du Procès verbal		3 60	
Enregistrement		86 25	
Versement en Bourse commune		103 80	
Honoraires de M° Delestre		103 80	
Clerc et Crieur		12 ..	
Location de la Salle 4 enjours		40 20	
Transport à l'hotel des Ventes		5 ..	
Journée du Commissionnaire		5 ..	
Pour Supplement de Travail		10	
		1024 45	
Deduire les 5% des acquereurs		164 75	859 70
			2435.30

CATALOGUE

—

ESTAMPES

DES

XVIIᵉ, XVIIIᵉ SIÈCLES ET MODERNES

Œuvre de BARTOLOZZI

ÉCOLE ANGLAISE ET FRANÇAISE

Freudeberg, Morghen, Muller, Ramberg, Ryland, Schmidt
Tomkins, Woollett, etc.

PORTRAITS

Ayant fait partie du Cabinet du comte Pierre de CORNEILLAN

Gentilhomme ordinaire de S. A. R. Mgr. le comte d'Artois

DONT LA VENTE AURA LIEU

HOTEL DES COMMISSAIRES - PRISEURS

RUE DROUOT, 9, SALLE Nᵒ 4

AU PREMIER ÉTAGE

Le Samedi 23 Décembre 1882

A UNE HEURE PRÉCISE

———

Mᵉ **MAURICE DELESTRE**, Commissaire-Priseur,
rue Drouot, 27,

Assisté de **M. VIGNÈRES**, Marchand d'Estampes,
rue de la Monnaie, 21, à l'entre-sol,

CHEZ LEQUEL SE DISTRIBUE LE CATALOGUE

———

PARIS — 1882

CONDITIONS DE LA VENTE

L'ordre du Catalogue sera suivi.

Au comptant.

CINQ POUR CENT, en sus des enchères, applicables aux frais.

M. VIGNÈRES, chargé de la vente, remplira les Commissions.

NOTA. Toute commission sans prix fixé ou sans limite déterminée sera regardée comme nulle.

M. VIGNÈRES se charge de faire marquer les prix aux Catalogues des ventes qu'il a faites. Les personnes qui le désirent peuvent s'adresser à lui *franco*.

Plusieurs Amateurs éloignés en ont reconnu l'utilité pour les guider dans leurs achats sur les valeurs des Estampes.

Les Catalogues des Ventes à faire seront envoyés aux personnes qui en feront la demande *affranchie*.

AVIS. — Nous prions MM. les Amateurs éloignés de ne pas attendre au dernier jour, pour que les lettres arrivent le matin de la vente, les lettres étant distribuées après mon départ.

Choix de Catalogues avec prix marqués.

Taneew

Beraldi 20   Larnelle 7

White 85   Mellerio 150   Beraldi 60   Floupard 20   Larnelle 15

White 20

Taneew.

CATALOGUE

PORTRAITS

1 **Anonyme** (Sergent ?). Necker avec frise allé-
gorique au bas, in-4 en couleur, magnifique
ép., marge. *avant la lettre*

2 **Bartolozzi**. Mrs. Abington, rôle de Thalie,
couronnant le buste de Shakespeare, d'ap.
Cosway, in-4 en bistre, superbe.

3 — Lord Heathfield, d'ap. *Poggi*. Superbe ép.
in-fol. avec la lettre grise, toute marge.

4 — Le même. G.-A. Elliot lord Heathfield,
gouverneur de Gibraltar, in-fol., superbe ép.

5 — Miss Farren, en pied en couleur, d'ap.
Lawrence, in-fol., superbe ép., marge.

6 — Frédéric, duc d'York et d'Albany, petit
in-4 en couleur, magnifique ép.

7 — Frédéric II, roi de Prusse, petit in-fol. en
couleur, d'ap. *Ramberg*.

8 — Louis XVI, ovale in-4, superbe ép.. toute
marge. — Louis Rezzonico, frère de Clé-
ment XIII, condition malade. 2 p.

9 — H.-Ch. Nicolas Vander-Noot, avocat, ovale
in-fol. en bistre, superbe ép., marge.

10 **Bernigeroth** 1753. Sebastianus Evertus, directeur des postes en Saxe, in-fol., superbe.

11 **Caldwall**. Mrs. Siddons dans la tragédie de la fille grecque, grand in-fol. d'après *Hamilton,* très belle ép.

12 **Cardon**. Bonaparte accompagné du général Bertier, à la bataille de Marengo. Très grand in-fol. d'ap. *Boze*, superbe ép.

13 **Drevet**. Louis XIV en pied en manteau royal, d'ap. *Rigaud*, grand in-fol., très belle ép. collée sur carton.

14 **Ficquet**. Joliot de Crébillon, in-8, d'ap. *Aved*, très belle ép.

15 **Klauber**. Bailly, maire de Paris, très grand in-8, très belle ép., toute marge.

16 **Masson** (Ant.). Guil. de Brisacier (R. D. 15), belle ép., un petit coin enlevé.

17 **Morghen** (Raphaël). Son portrait de profil à droite, médaillon ovale par son élève *Palmerini*, in-8.

18 — Médaille de Zuccagnio, médecin, face et revers, en reconnaissance des soins qu'il en avait reçus dans une grande maladie, in-fol. superbe ép., grande marge, rare.

19 — Le prince d'Orange, d'ap. *Mirevelt*, avant la lettre, in-4, superbe ép., très grande marge.

20 — Turchi, évêque, précepteur de Ferdinand Ier, petit in-fol., superbe ép., très grande marge.

21 — La princesse de Holstein-Beck et sa famille, grand in-fol. d'ap. *Ang. Kauffman*. Superbe ép., toute marge.

Hougard 10 White 15 Bernard 7. Roger 5

Carreau

Roth 10 Bourque 6

Lamuelle 15 White 25

Levieux 17

Bourges 6   Gaden 25

Bourges 6

White 10

Bourges 9   Roth 10

Bourges 14   Berard 9

Bourges 11

Bourges 11

Beraldi 25

22 — Saint Philippe de Néri, in-4, d'après *Tofanelli*. Magnifique ép., marge, in-fol.

23 **Muller** (J.-G.). Louis Leramberg, sculpteur, d'ap. *Belle*, in-fol., superbe ép., non terminée, petit in-fol., avant toute lettre, très rare.

24 — Portrait d'un turc, in-fol. avant toute lettre, grande marge, superbe ép.

25 — Le comte de Stolberg, 1ᵉʳ état, non terminé, superbe et très rare. — Le même, avant toute lettre, terminé, avec une déchirure, 2 p. in-fol.

26 **Reynolds** (d'ap.). Francis Bartolozzi, ovale, petit in-fol. en bistre, par *Marcuard*, superbe.

27 — The Earl of Mansfield, in-fol. par *Bartolozzi*, très belle ép., marge.

28 — Edward lord Thurlow, chancelier, in-fol., par *Bartolozzi*, superbe ép., marge.

29 **Ringck**. Michel de Montaigne, in-8, d'ap. *Pruneau*, superbe ép., marge.

30 **Schmidt** (Georges-Frédéric). Son portrait avec l'araignée, superbe ép., marge (141).

31 — Auguste III, roi de Pologne. — Marie-Josephe, reine, 2 portraits à mi-corps, d'ap. *Silvestre*, in-fol., superbes ép. (71 et 72).

32 — Frédéric le Grand, in-8 (62).

33 — Frédéric Henri-Louis de Prusse (88), in-fol., marge.

34 — Frédéric de Gorne (70), in-fol., superbe ép., grande marge.

35 — La Mettric, littérateur (76), in-4, très belle ép., marge.

36 — Antoine Pesne (69), in-fol., superbe ép., très grande marge.

37 — David Splitgerber, banquier (87), in-fol., très belle ép.

38 **Schmuzer** 1786. Prince de Kaunitz, d'ap. le médaillon en bronze d'*Hagenauer*, superbe ép., grand in-fol., marge.

39 **Schultze**. Sophie Ch. Hartung, née Burckhardt, ovale in-8, avant toute lettre, superbe.

40 — Iffland, acteur célèbre, in-8, superbe ép., toute marge.

41 — Gatteb — Grassi — Kuttner — Reifstein, avant et avec la lettre. — Schubert. — Brzostowski. — George Fried. Danz, 8 p. superbes.

42 — Petits ornements, 4 têtes d'ap. le marbre et 5 ép. de petits croquis, en tout 10 p.

43 — Alexandre Beloselski, ép. d'essai, avec une autre ép. au revers, in-fol. avant toute lettre.

44 — Jean-Georges Palizsch, astronome, physicien, in-fol., superbe ép. sur chine, marge.

45 — Gottfried Rentsch, d'ap. *Schenau*, in-fol. superbe ép., marge.

46 **Smith**. Godart, baron de Ginkel, petit in-fol. d'ap. *Kneller*, manière noire, superbe ép.

47 **Strange** (R.). Charles Ier près de son cheval, grand in-fol. d'ap. *Van Dyck*, superbe ép.

48 **Tanjé**. Sir John Ligonier, à cheval, in-fol.

49 **Townley**. L. Colonel Tarleton, petit ovale d'ap. *Cosway*, superbe ép., marge in-4.

Houzard 15   Gaden .45   Bourge 9

Bourges 6

Berald: 10

Roth 2,

Roth 5,

Herman 100   Roth 20   Berald: 40   Laud 42   White 60   Roger 20

Bourges 3   Metternich 10   Bevoldi 15   Larmellen 6

Taneaw

Taneaw

Bourges 3   Metternich 10   Bevoldi 15   Larmellen 6

50 — Frédérique - Charlotte - Ulrique - Catherine, princesse de Prusse, prieure de Guetlinbourg, charmant petit portrait in-12 en bistre, superbe ép. avant toute lettre, marge.

51 **Walker.** Catherine II, imp. de toutes les Russies, casquée, petit ovale, d'ap. une pierre gravée, superbe ép., marge in-4.

52 *Napoléon* mort, in-4 avant toute lettre, sur chine, superbe ép., marge.

53 *Prusse.* Fréd. Guillaume II. — Fréd. Guillaume III, rois. 4 p. dont 2 lithog.

54 **Portraits.** Artistes peintres, etc. 5 p.

55 — Elisabeth d'Angleterre, Marie-Louise, etc. 4 p.

56 — Célébrités diverses, gravées et lithog. 14 p.

ESTAMPES

DES XVIIᵉ, XVIIIᵉ ET MODERNES

57 **Animaux.** Léopard, par *Tischbein*, et autre, d'ap. *Potter*, etc. 4 p.

58 **Audran** (G.). Portement de croix, d'après *Mignard*. Très grand in-fol., très belle ép., marge.

59 **Baillie** (W.). Aurora, d'après *Guido*, ovale petit in-fol. superbe ép. en rouge, gr. marge.

60 **Balechou.** Sainte Geneviève, d'ap. *Vanloo*, très belle ép. in-fol.

61 — La Tempête. — Le Calme, 2 p. in-fol., d'ap. *J. Vernet*, très belles ép. avant les raies.

62 — Les Baigneuses, avec les raies, in-fol., très belle.

63 — La Naissance, d'ap. *Dandré-Bardon*, in-fol. très belle ép., très grande marge.

64 **Bartolozzi. Pièces en hauteur.** Love and Fortune ; Amours en couleur, in-4 superbe.

65 — Ange avant toute lettre. — Content : Jeune femme. 2 p. Très belles ép., marge.

66 — Pénélope, ovale. — Charlotte. 2 p. sanguine.

67 — Zephirus, ovale in-4 en bistre, d'après *Colibert*, superbe ép., marge.

68 — Vénus bathing, ovale in-4 en bistre, d'ap. *Cipriani*, superbe ép., marge.

69 — Conjugal love, fac-simile de dessin rehaussé de couleur, in-4, d'ap. *Cipriani*, superbe ép., marge.

70 — The water cress girl, petit in-fol. en bistre, d'ap. *Wheatley*.

71 — Geography, in-4, d'ap. *Cipriani*, superbe ép., grande marge.

72 — La même, en couleur, superbe ép., très grande marge.

73 — February, ovale, petit in-fol., d'ap. *Hamilton*, superbe.

74 — Pax Artium nutrix, d'ap. *West*, grand in-4, superbe.

Beravi 12   Bourge 5

Roger 7

Marguerite 5

Morgain 5

Lescure 5   Roth 10

75 — Love, sanguine. — Contemplation, en couleur, 2 p. ovales, in-8, superbes ép., d'après
Cipriani, marge.

76 — Vierge et Jésus, rond in-4, sanguine, superbe ép., marge.

77 — Beauty. — Meekness, d'ap. *Cipriani*. 2 p.
ovales, in-4, sanguine, superbes.

78 — A. St-James's beauty : Profil de jolie femme
avec coiffure à plumes, ovale in-4, sanguine,
superbe ép., marge.

79 — Orange Girl, d'ap. *Benwell*, ovale in-4,
sanguine, superbe ép. avant la lettre, marge.

80 — La même avec la lettre, superbe ép.,
marge.

81 — Romeo et Juliet, d'ap. *Hamilton*, ovale
in-4, superbe ép., marge.

82 — Enfant dormant. — Autre avec sa poupée.
2 p. in-4 en bistre, superbes ép., marge.

83 — Persée et Andromède, 2 sujets différents
pour pendants, d'ap. *Cipriani*, in-4, en bistre,
superbes ép,, grandes marges.

84 — The nymphe of immortality couronnant le
buste de Shakespeare, ovale en bistre, petit
in-fol.

85 — Shakespeare's tomb., ovale in-fol. en bistre,
d'ap. *Aug. Kauffman*, superbe ép., marge.'

86 — Euphrosine : Bacchante dansant, ovale
in-fol. en bistre, d'ap. *Amiconi*, superbe ép.

87 — La même, en noir, très belle ép.

88 — Tragedy, in-fol. en bistre, d'ap. *Cipriani*,
superbe ép., marge.

89 — Jupiter et Io, in-fol., sanguine, d'après *Corrège*, superbe ép., grande marge.

90 — Le départ d'Hector, ovale in-fol. avant la lettre, en bistre, superbe ép., marge.

91 — Le départ d'Hector. — La réunion d'Ulysse et Pénélope. 2 p. in-fol. ovales en bistre, superbes ép., marge.

92 — Thais, in-fol., d'ap. *Reynolds*, superbe.

93 — Le départ et le retour du marin écossais, d'ap. *Benwell*, ronds sanguine in-fol. 2 p., superbes ép. avant la lettre, marge.

94 — Jeune femme jetant des fleurs, ovale in-fol. sanguine avant la lettre, superbe ép., grande marge.

95 — The snuff box Calais. — The dead Ass. Nampont. 2 p. rondes in-fol. d'ap. *Loutherbourg*, superbes ép., marge.

96 — Clytie, d'après *Carrache*, grand in-fol. superbe.

97 — Un ange enlevant l'âme de Louis XVII au ciel, grand in-fol., superbe ép., rare.

98 — La Circoncision, d'après *Guerchin*, grand in-fol. superbe ép., marge.

99 — Minerve donnant des conseils à un élève architecte, grand in-fol. d'ap. *Zucchi*, superbe.

100 — Miracle de saint Paul d'ap. le tableau dans la chapelle de l'hôpital de Greenwich, très grand in-fol., superbe ép., marge.

101 — The Triumph of virtue, {d'ap. *Peters*, |très grand in-fol., lettre grise, superbe ép., marge.

Hongrie 3 0
Levieux. 17

102 — Le même avec la lettre, superbe ép.,
marge.

103 — Le même en couleur, superbe ép., marge.

104 — Jolie femme montant au ciel accompagnée
par un ange, d'ap. *Peters*, avant la lettre, très
grand in-fol, superbe ép., marge.

105 **Bartolozzi**. **Sujets en travers**. Le Jugement
de Pâris, petit in-4 d'ap. *Burney*, très belle ép.

106 — Bacchus et Ariadne, d'ap. *Cipriani*, ovale
en bistre, petit in-4, très belle ép.

107 — Love Cares'd, ovale petit in-4, sanguine,
d'ap. *Cipriani*, superbe ép., marge.

108 — Fortune, ovale petit in-4, sanguine, d'ap.
Cipriani, superbe ép., marge.

109 — Cupidon achetté trop cher, ovale in-4, sanguine d'ap. l'antique, très belle ép.

110 — Cornélie, mère des Gracchus, d'ap. *West*,
ovale, petit in-4 en bistre, superbe.

111 — The Mirror of love. — Cupids instruction,
d'ap. *Cipriani*. 2 p. ovales en bistre, superbes
ép., grande marge.

112 — Vues de Ruines, d'ap. *Clerisseau*, 4 p. in-4
très belles.

113 — The guardian angels, in-4, très belle ép.,
marge.

114 — Minerva and the Muses. — Hercules pre-
sented to Jupiter and Juno. 2 p. in-4, d'ap
Cipriani, superbes ép., marge.

115 — Imogen's chamber, in-fol, d'ap. *Martin*, en
bistre, belle ép., grande marge.

116 — Mort du Capitaine Cook, petit in-fol, très belle ép. avant toute lettre.

117 — The Beautiful Rhodope in love with Æsope. — The King Psammetichus of Egypt in love with Rodope. 2 p. in-fol. sanguine d'ap. *Ang. Kauffman*, superbes ép., grandes marges.

118 — Vénus sleeping, ovale in-fol. en bistre, d'ap. *Carrache*, superbe ép., grande marge.

119 — Caractacus, roi des Silures, livré à Ostorius, le général romain, par Cartismandua, reine des Brigantes. — La conclusion du traité de Troye, où Henri V, roi d'Angleterre, reçoit la princesse de France en mariage. 2 p. in-fol., d'ap. *Hamilton*, superbes ép., marge.

120 — Wortigem et Rowena ou l'alliance des Saxons et Anglais. — Jean de France prisonnier après la bataille de Poitiers. 2 p. in-fol., d'ap. *Rigaud*, très belles ép., marge.

121 — Nymphes sortant du bain, in-fol. en bistre, superbe ép., grande marge.

122 — Cornelia mother of the Gracchi, in-fol, en bistre, d'ap. *Ang. Kauffman*, superbe ép., grande marge.

123 — Paulus Æmelius. — Cleopatra et Meleagar. 2 p. in-fol. sanguine, d'ap. *Ang. Kauffman*, superbes ép., grandes marges.

124 — The death of Lindamore, ovale in-fol. d'ap. *I.-F. Rigaud*, en couleur.

125 — Febraro, d'ap. *Zocchi*. — Paysage, d'ap. *Rizzi*. 2 p. in-fol., belles ép., marge.

Lesueur — 7

Houzard 18

Roth   25

Roth   25

Houzard 6

Lesueur. 5

Lesueur   6

Herman 15

Lascaux 6   Houyard 10

              Houyard 6

              Houyard 6

Berard 14   Houyard 30   22

Berard 15   Houyard 8

126 — Le départ d'Abram et Lot pour l'Egypte, grand in-fol. d'ap. *Zuccarelli*, très belle ép.

127 — Dido, d'ap. *Cipriani*, grand in-fol., superbe ép., marge.

128 — Le Jugement de Pàris, d'ap. *Ang. Kauff-man*, ovale grand in-fol. en bistre, superbe ép., marge.

129 — Orlando délivre Olympia, d'ap. *Carrache*, grand in-fol., superbe ép., marge.

130 — Venus, Cupid and satyr, d'ap. *L. Giordano*, grand in-fol., superbe ép., marge.

131 — The mouse's petition (La pétition de la souris), grand in-fol. en bistre, d'ap. *Bunbury*, superbe ép.

132 — Transparent de la Banque de Londres à la convalescence du roi, d'ap. *Hamilton*, grand in-fol., superbe ép. avant la lettre, toute marge, très rare.

133 — Cottagers at the Bottom of mount Vesuvius, très grand in-fol., très belle ép., marge.

134 **Bartolozzi** (d'ap.). La Marchande d'Amours, d'ap. l'antique, in-4, par *Lorieux*, superbe ép., marge.

135 **Baudouin** (d'ap.). La Nuit par *de Ghendt*, in-fol., superbe ép., grande marge.

136 **Beauvarlet.** Toilette d'Esther, très grand in-fol. d'ap. *de Troy*, 1re et superbe ép. avec graveur du roi et peintre du roi, marge.

137 — La même, graveur du roi et peintre du roi sont effacés, très belle ép.

138 — Aman arrêté par ordre d'Assuérus, très grand in-fol., magnifique ép. avant toute lettre, signée au crayon, par *Beauvarlet*, grande marge.

139 **Bemme**. Grenadiers et tirailleurs, lithog. in-fol. d'ap. *Langendyk*, rare.

140 **Mervic**. L'Enlèvement de Déjanire. — L'Éducation d'Achille. 2 p. in-fol., superbes ép., marge.

141 **Bailly** (D'ap.). Prélude de Nina, in-fol., par *Chaponnier*, magnifique ép., grande marge.

142 **Borel** (d'après). Rendez-vous de chasse d'Henri IV, par *Guttemberg*, in-fol., superbe ép., marge.

143 **Bounieu** (d'ap.). Henri IV et Sully, après la bataille d'Ivry, très grand in-fol., par *Laurent*, superbe ép. avant la dédicace, marge.

144 **Boydell**. Vue de l'Eglise de Notre-Dame de Boulogne, près Paris, in-fol., très belle ép., marge.

145 **Browne** (J.). Adonis emporté par Vénus. — Diane trompée par Vénus, 2 beaux paysages ornés de figures, d'ap. *Swanevelt*, très belles ép.

146 **Chodowiecki**. Vignettes diverses. 15 p. très belles.

147 **Cooper**. Ganimed, ovale in-4, d'ap. *Bird*.

148 **Corneillan** (Comte de). Arrivée du laboureur. — La Balançoire, 2 sujets suisses, petit in-fol. d'ap. *Ramberg*, superbes, toute marge.

Hougard 15   Burard 15
              lib 136 — 20

Herman 55   Hougard 15

Hougard 10

Roth 8   White 15

Roth 8

Lind 13

Houyard 8

Gaden 23   White 65

White 65   Bourcard 25   Houyard 35

Houjam 15

149 — Fermes suisses, 2 sujets de mères et enfants au trait, d'ap. *Freudeberg*, destinés à
être coloriés comme aquarelles.

150 — Le départ. — Le retour du soldat suisse,
2 p. in-fol. d'ap. *Freudeberg*, superbes ép.,
toute marge.

151 **D. O.** *Sculp*. The fair florist. Ovale in-8 en
bistre: Jolie Femme coiffée d'un grand cha-
peau, superbe ép.

152 **De Launay**. La Chute dangereuse, d'ap.
Meyer, in-fol., très belle ép.

153 — Le Four à chaux, d'après *Loutherbourg*,
superbe ép. in-fol.

154 **Drevet**. Présentation au Temple, très grand
in-fol.. d'ap. *Boulogne*.

155 **Earlom**. La Sorcière passant devant Cerbère,
d'après *Téniers*, manière noire, très grand
in-fol. Superbe ép. avant la retouche, marge.

156 **Ecole anglaise**. Colonel Mordaut's cock
match at Lucknow, in-fol. au trait avec les
noms des personnages.

157 **Fragonard** (D'après). Le Verrou, par *Blot*,
in-fol. Très belle ép. marge.

158 — Le Baiser à la dérobée, par *Regnault*, in-
fol. Superbe ép. avant la lettre, marge.

159 **Freudeberg**. Scènes d'Amants en Suisse,
2 sujets au trait, sur la même feuille, destinés
à être coloriés pour imiter l'aquarelle.

160 — (D'ap.).Fermes suisses, 2 sujets de mères et
enfants au trait, petit in-fol., superbes ép.,
marge.

161 — Les Chanteuses du moi de may. — La petite Fête imprévue, scènes suisses, superbes ép., marge, petit in-fol. au trait. 2 p.

162 — Le Départ et le Retour du soldat suisse, 2 p. in-fol., par *le comte de Corneillan.*

163 **Godefroy**, 1781. Tombeau de J.-J. Rousseau dans l'Ile des Peupliers, in-fol., belle ép., marge.

164 **Green** (V.). A Winter's Tale (conte d'hiver), d'après *Opie,* manière noire, grand in-fol., superbe ép., la lettre tracée.

165 — Naissance de Vénus, d'ap. *Burry,* manière noire, grand in-fol., superbe ép., marge.

166 — Jeune Fille tenant un Pigeon, d'ap. *Kettle,* in-fol., avant la lettre, superbe.

167 **Greuze** (D'ap.). Le Paralytique servi par ses enfants, très belle ép., très grand in-fol., par *Flipart,* signée au revers par les artistes, marge.

168 **Guttenberg**, 1778. La Réforme des couvents en Brabant, Joseph II, roi des Romains, très grand in-fol., d'ap. *Defrance,* superbe ép. avant la seconde ligne, grande marge.

169 **Hammer.** Vue d'un côté de l'intérieur du dôme d'Erfurth, in-fol., superbe ép., toute marge.

170 **Hanfstaengl.** Jeune Femme près de son Enfant qui dort dans sa petite voiture, lithog. grand in-fol. sur chine, très belle ép., toute marge.

Roth 5   Brieg. 5

Metternich 100   Linn 8   White 30

Hongrois 10

Hongrois 10   Metternich 50   White 200   Leviaux 61

Deliquiere 10

Roth 6   Hongrois 15

Lescure — 7

Roger 25   Derain 30   White 60   Howard 50

Levieux 29   Bernard 4

Bourg 6   Gaden 15   Linд 6

171 **Heath** (J.). Mort du major Pierson, d'ap. *Singleton*, très grand in-fol.

172 **Ingouf**, 1786, Canadiens au tombeau de leurs enfants, d'ap. *Le Barbier*, superbe ép., in-fol., choisie dans le premier cent.

173 **Jacobé**. Tigre tué en Amérique par le prince de Nassau Siegen, d'ap. *Casanova*, manière noire, très grand in-fol.

174 **Jouvenet** (D'après). Jésus guérissant les malades, très grand in-fol., par *Desplaces*.

175 **Kauffman** (D'ap. Ang.). Rinaldo and Armida. — Erminia, 2 p. par *Hogg*, ovales in-4 en travers, à la sanguine, superbes ép., grandes marges.

176 **Knight**. Scarcity in India : Jeune Négresse courtisée par deux jeunes Planteurs, grand in-fol. en bistre, d'ap. *Singleton*, superbe ép. marge.

177 **Lavreince** (D'ap.). La Consolation de l'absence, in-fol., par *De Launay*, magnifique ép., marge.

178 **Legrand Furcy**, *ex*. The Scamstress, ovale, in-fol., très belle ép., marge.

179 **Lithographies**. Pifferari, la Fontaine, et autres scènes italiennes, 4 p. in-fol.

180 **Morghen** (Raphaël). Madona col bambino, d'ap. *L. Carrache*, petite pièce charmante, magnifique ép., grande marge.

181 — Tête de femme tirée de la Transfiguration, d'ap. *Raphaël*, charmante pièce, planche ronde, superbe ép., grande marge.

182 — Sic Deus dilexit mundum, d'ap. *Carlo Dolci.*   6.50
Jésus montrant ses plaies. In-4, superbe ép.,
marge, in-fol.

183 — Le Sauveur, d'ap. *Léonard de Vinci,* in-4,   5
superbe ép. lettre blanche, marge in-4.

184 — Ecce Salvator mundi, ovale in-4, d'ap.   1.75
Cavallucci, superbe ép. grande marge.

185 — Loth et ses filles, d'ap. *Guerchin,* grand in-
fol., superbe ép. avant la lettre, toute marge.

186 **Mouchet** (d'ap.). La Ruse d'amour: L'Amour
tenant un bandeau sur les yeux d'une jeune
nymphe, ovale in-fol, par *Darcis,* superbe ép.
avant la lettre, marge.

187 **Muller** (J.-G.). Loth et ses filles, d'ap.   11
Honthorst, in-fol., superbe ép. avant toute
lettre et avant la flamme de la lampe terminée.

188 — Vierge et Jésus, d'ap. *Spada,* petit in-fol.,   3.50
superbe ép., lettre grise avec remarque, toute
marge.

189 **Muller** (J.-S.). Monuments romains, le Pan-
théon, statue de Marc-Aurel, Temple de la
Sibylle, colonne Trajane, grand in-fol., d'ap.
Pannini.

190 **Paton** (D'ap. R.). Différents combats mari-   2.50
times en 1780, 1781, 1782. 5 p. grand in-fol.

191 **Peters** (D'ap.). Scènes de Shakespeare: Beau-
coup de bruit pour rien. — Les Commères de
Windsor, 3 p., grand in-fol. en hauteur, superbes ép., marge.

192 **Pichter** (J.). Vénus désarmant l'Amour, d'ap.   3
Correge, manière noire, magnifique ép., marge.

Lenrann. 17

Lind 7

Knut. [illegible]

Hongard 15   Herman. 10   Gaden 18

Hougard 10

Hougard 12   Gaden 21

Hougard 5

Roth 20   Hougard 15   White 15   [illegible]

Roth 25   Houran 30   Gaden 21   Bourge 11

Hougard 12

Hougord 12

Lind 12   Reliquien   10   Fierman   60

Villamil, 30

Chamonn 20

193 — Salmacis et Hermaphrodite, magnifique
ép. avant toute lettre, d'ap. l'*Albane*, manière
noire, imp. en bistre, marge.

194 — Résurrection de Lazare, d'ap. *Rembrandt*,
magnifique ép., très grand in-fol., avant toute
lettre, manière noire, marge.

195 **Pièce historique.** Frédéric - Auguste à
Dresde, 4 avril 1769, eau-forte, in-fol., marge,
rare.

196 **Ramberg.** Siegfried von Lindenberg, III° acte,
II° scène, in-fol., toute marge.

197 — Arrivée et séjour des troupes, 2 scènes de
camps militaires coloriées imitant l'aquarelle,
superbes.

198 — Saltarello. — Scène romaine, 2 p. grand
in-fol. au trait.

199 — Saltarello, grand in-fol. colorié, aquarelle.

200 — 1799. Lazarones. — Scène de Joueurs romains, 2 p. d'ap. nature, grand in-fol., toute
marge, superbes ép.

201 — Les mêmes coloriés, aquarelle grand in-
fol., toute marge, superbes, 2 p.

202 — Le Mitron, grand in-fol. au trait.

203 — Le même colorié, aquarelle superbe,
unique.

204 — Les Cerises, in-fol. colorié, aquarelle très
rare, superbe.

205 — Marché d'esclaves circassiennes, petit in-
fol. en noir.

206 — Le même en bistre, superbe ép.

207 — Le même colorié à l'aquarelle, superbe.

208 — Marché d'esclaves circassiennes, grand in-fol. au trait, 1re et rare ép. avant des changements.

209 — Le même colorié à l'aquarelle avec les changements, superbe.

210 — Le Poirier enchanté. — Le Villageois qui cherche son veau. 2 p. ovales en hauteur, petit

Bis in-fol. au trait, pour les Contes de La Fontaine.

211 — Le Paysan qui cherche son veau, conte de La Fontaine, ovale en hauteur, petit in-fol. colorié, aquarelle, superbe.

212 — Joconde. — Compère Pierre, Contes de La Fontaine, 2 p. ovales en travers, petit in-fol.

Bis au trait.

213 — Joconde. — Compère Pierre, 2 p. ovales en travers coloriées, aquarelles superbes.

214 — Le Rossignol. — Les Lunettes. Contes de

Bis La Fontaine. 2 p. grand in-fol. au trait.

215 — Le Rossignol. — Les Lunettes, grand in-fol. coloriés, aquarelles superbes.

216 **Ramberg** (d'ap.). Arrivée du laboureur. — La balançoire, 2 sujets suisses gravés par le *Comte de Corneilhan*, superbes, toute marge.

217 — Voyage de Brunswick, par le baron de Knige, in-4, par *Riepenhausen*, avant la lettre, superbe ép., marge.

218 **Ryland**. L'Académie royale des arts instituée en 1768, rond in-4, sanguine, d'ap. *Cipriani*, très belle.

Chamonix 20   Howard 20

Chamonix 20

Chamonix 20

Chamonix 20

Chamonix 20   Howard 50

Chamonix 20   Howard 60

Roth 10

Houyard 15

Roger 20

Berard 30   Houyard 25

Leviens 37   Houyard 15

                 Houyard 15

219 — Bacchantes ornant de fleurs le terme de Pan, rond in-fol. sanguine, d'ap. *Ang. Kauffman.* très belle ép., grande marge.

220 — Cymon and Iphegenia, d'ap. *Ang. Kauffman,* rond in-fol. sanguine, superbe ép., toute marge.

221 — Triomphe de Vénus, rond. — Maria, ovale. 2 p. in-fol. d'ap. *Ang. Kauffman,* très belles ép.

222 — Entrevue d'Edgard et d'Elfride après son mariage avec Athelwood, d'ap. *Ang. Kauffman,* très grand in-fol., superbe ép., grande marge.

223 **Schall** (d'après). Le modèle disposé par *Chaponnier*, in-fol., magnifique ép. avant la lettre, très grande marge.

224 — Le même avec la lettre, magnifique ép., très grande marge.

225 — La Chambrière complaisante, grand in-fol. magnifique ép. avant la lettre, grande marge.

226 **Schiavonetti**. Séparation de Louis XVI de sa famille, très grand in-fol. d'ap. *Benazeck,* superbe ép., marge.

227 — L'Adresse de Louis XVI à la Convention nationale, très grand in-fol., d'ap. *Miller,* superbe ép., grande marge.

228 **Schmidt** (G.-F.). Vierge, Jésus et Saint Jean (176), belle ép. collée.

229 — Les Polichinelles, d'ap. *Tiepolo* (157), 2 p., belles ép., marge.

230 — Il famoso Satyro colla capra, Gruppo dit Bronzo trovato nelle rooine d'Herculano, qui est au musée royal de Portici, in-4 avant toute lettre. — Contre-épreuve. — Avec la lettre, 3 p. de la plus grande rareté, superbes ép.

231 **Schmutzer**. Loups-cerviers à la chasse des bouquetins et des chamois, d'ap. *Ruthart*. — Aigles à la chasse des loups et des serpents, d'ap. *Sneyers*, 2 p. grand in-fol., superbes ép., marge.

232 **Schultze**. Enlèvement de Ganimède, d'ap. *Rembrandt*, superbe ép. avant la lettre, grand in-fol., marge, rare.

233 — Le même sur chine volant, avec la lettre, très belle ép.

234 — Jupiter et Io, petit in-fol., d'ap. *Schenau*, très belle ép., grande marge.

235 — Madone de Saint-Sixte, d'ap. *Raphaël*, grand in-fol., très belle ép. avant la lettre, marge.

236 **Sharp**. La Pythonisse d'Endor, d'ap. *B. West*, grand in-fol., magnifique ép. avant la lettre, marge.

237 **Sherwin**. Mort de Lord Robert Manners, d'ap. *Stothard*, grand in-fol., superbe ép.

238 **Sicardi**. Oh! che boccone, ovale in-fol. en bistre, magnifique ép., lettre grise.

239 **Smith**. Charlotte à la tombe de Werter, rond in-fol. colorié, superbe, rare.

240 **Taylor**. Taming of the shrew, in-4, belle ép.

Hougard 15   Herman 15

Herman 8   White. 15

Ruth. 15

Rogers 2

Hougard 3

Bourge. 21   Hougard 20

White 16   Hougard 24

White 6

Lui 12

Hougard 15

Gaden 22

241 **Têtes d'études** d'ap. David, Girodet et autres, 7 p. grand in-fol.

242 **Tomkins**. A girl of the forest of Snowden, ovale in-4, d'ap. *Bunbury*, superbe ép., grande marge.

243 — Louisa, d'ap. *Nixon*, grand in-8 en bistre, superbe ép., lettre grise.

244 — A Girl of Modena, ovale in-4, d'après *Bunbury*, superbe ép., marge.

245 — A la Française or the French Fereside. — A l'Anglaise or the English Fireside, d'ap. *Ansell*, 2 p. petit in-fol. en bistre, superbes ép., marge.

246 — A village girl gathering nuts (Jeune fille cueillant des noisettes). — A cottage girl shelling pease (Jeune fille écossant des pois), d'ap. *Bigg*, 2 p. ovales in-fol., superbes ép., grandes marges

247 — Marian, d'ap. *Bunbury* : Une bohémienne lui dit la bonne aventure, grand in fol. en bistre, superbe ép., marge.

248 **Visscher** (Corneille). La Fricasseuse, in-fol., très belle ép., marge.

249 **Ward**. A Visit to the Grandfather, in-fol., d'ap. *Smith*, magnifique ép., lettre grise de la 1re planche, marge.

250 **Watson**. Le Barbet, d'ap. *Barrett*, manière noire, superbe ép. avant la lettre.

251 **Wille**. La mort de Cléopâtre, d'ap. *Netscher*, in-fol., collée.

252 **Woollett**. Mort du général Wolfe, d'ap. *B. West*, in-fol., belle ép. collée.

253 — Edifices romains en ruine, d'ap. *Claude Lorrain*, in-fol., très belle ép.

254 — Niobé, in-fol., d'ap. *Wilson*, très belle ép.

255 — The Spanish Pointer, in-fol., d'ap. *Stubbs*, très belle ép.

256 — Vue de la maison de Bouchier Cleeve, écuyer, in-fol.

257 **Vue** du café Scheiner à Bade, in-fol., toute marge.

258 **Sujets divers**. Vignettes, études, statues, ornements, etc., 18 p.

Ve Renou, Maulde et Cock, impr^s de la Cie des Commissaires-Priseurs, rue de Rivoli, 144.   32761

Kaufmann 20   Line 7   Barrow ....

    Line 7

    What 28

    Howard 8

www.ingramcontent.com/pod-product-compliance
Ingram Content Group UK Ltd.
Pitfield, Milton Keynes, MK11 3LW, UK
UKHW022133170726
13837UKWH00004B/1538